Üben mit Wickie
Mein Vorschul-Buch mit Wickie
Schulstart ab 5 Jahren

Erstes Rechnen • Konzentration
mit Hörspiel über QR-Code

Autoren:
Annette Wengenmayr und Anna E. Weichert: Seiten 66, 67, 74, 75, 83
Angela Hüskes: Seiten 40, 41, 30–39, 42, 43, 68, 69, 72, 77, 93, 94
Dorothee Kühne-Zürn: alle übrigen Seiten
Hörspiel „Ein Elch zum Knuddeln" nach einer Geschichte von Matthias von Bornstädt

Illustrationen:
Leitfiguren: © 2010 STUDIO 100 MEDIA GmbH
Udo Clormann: Seiten 8, 44–60, 62, 63, 67, 86, 87
DTP-Studio Eckhardt, Göppingen: Seite 20
Jutta Langer, S. L., Barcelona: Seite 76
Agentur Christian Ortega, Barcelona: Seiten 8, 20, 28, 29, 40, 41, 44, 60, 67, 22, 23, 24, 25, 74, 75
Katja Rau, Fellbach: Seiten 44, 54
Jutta Sailer: Seiten 28, 29, 65, 70, 71, 73, 76, 80, 81, 82, 84
Mo Büdinger: alle übrigen Seiten

Der vorliegende Band ist eine Bearbeitung von „Die kleinen Lerndrachen:
Fit für den Schulstart – Zahlen und Mengen, Farben und Formen, Konzentration"

Bibliografische Information der Deutschen Nationalbibliothek
Die Deutsche Nationalbibliothek verzeichnet diese Publikation in der Deutschen Nationalbibliografie;
detaillierte bibliografische Daten sind im Internet über http://dnb.d-nb.de abrufbar.

Das Werk und seine Teile sind urheberrechtlich geschützt. Jede Nutzung in anderen als den
gesetzlich zugelassenen Fällen bedarf der vorherigen schriftlichen Einwilligung des Verlages.
Hinweis zu §52a UrhG: Weder das Werk noch seine Teile dürfen ohne eine solche Einwilligung
eingescannt und in ein Netzwerk eingestellt werden. Dies gilt auch für Intranets von Schulen und
sonstigen Bildungseinrichtungen.

Auflage 3 2 I 2016 2015
Die letzten Zahlen bezeichnen jeweils die Auflage und das Jahr des Druckes.

Dieses Werk folgt der neuesten Rechtschreibung und Zeichensetzung.

© Klett Lerntraining, c/o PONS GmbH, Stuttgart 2014. Alle Rechte vorbehalten.
www.klett.de/lernhilfen

 Wickie und die starken Männer
© 2014 STUDIO 100 MEDIA GmbH
www.studio100.de

Der Online-Zugang zur Audiodatei ist bis drei Jahre nach Erscheinen des Buches gewährleistet.
Teamleitung Grundschule und Kinderbuch: Susanne Schulz
Umschlag- und Innengestaltung: Sabine Kaufmann, Stuttgart
Satz: Swabianmedia, Eva Mokhlis, Stuttgart
Druck: Himmer AG, Augsburg
Printed in Germany
ISBN 978-3-12-949276-5

Inhalt

Willkommen bei „Wickie und die starken Männer!"		1
Impressum		2
Inhalt		3
Vorwort für Eltern		6
Hörspiel „Ein Elch zum Knuddeln"		62

Zahlen und Mengen

Mein Geburtstag	nachzählen	7
Reiche Beute!	Wahrnehmung: 1-mal	8
Immer nur 1	die Zahl 1	9
Wickie sieht doppelt!	Wahrnehmung: 2-mal	10
Ylvis schöne Perlenkette	die Zahl 2	11
Wickie hütet Tiere	Wahrnehmung: 3-mal	12
Wickie zählt auf 3	die Zahl 3	13
Wickie in Afrika	Wahrnehmung: 4-mal	14
Bist du ein 4-Finder?	die Zahl 4	15
Auf der Blumenwiese	Wahrnehmung: 5-mal	16
5 Finger an einer Hand	die Zahl 5	17
Krabbelbeine	Wahrnehmung: 6-mal	18
Ylva bastelt	die Zahl 6	19
Wikinger-Wettwürfel	Zuordnung Punktmengen – Zahlen	20
Was hält Wickie in der Hand?	Zählen bis 10	21
Dorffest in Flake	wegnehmen (subtrahieren)	22
Wickie spielt mit Freunden	hinzufügen (addieren)	24
Hungrige Vögel	Mengenvergleich größer/kleiner	26
Bekommt Wickie genug zu essen?	gleich und nicht gleich	27

Farben und Formen

Ein Helm, ein Schild, ein Wickiebild	Formen zuordnen	28
Ylvis Spiegelbild	mit Farben umgehen	29

Inhalt

Das Formen-Spiel	mit Formen und Farben umgehen	30
Hmmm, lecker!	Formen ergänzen bis 10	32
Oje, das kippt!	Formen einprägen	33
Ist die Farbe richtig?	Farben erkennen	34
Alle werden 5	Formen erkennen	35
Ulme zeichnet	Reihenfolge beachten	36
Hier fehlt etwas!	Figuren spiegeln	37
Hier stimmt etwas nicht!	Formen und Farben erkennen	38
Wikinger-Spielkarten	einfache geometrische Figuren zeichnen	39
Das große Wikinger-Suchspiel	Farben und Formen erkennen	40
Was siehst du?	Formen einprägen	42
Maus und Fisch	Farben erkennen und zuordnen	43

Wahrnehmung und Beobachtung

Nach Flake oder zum Schiff?	links und rechts unterscheiden	44
Wickie malt Spiegelbilder	zweite Hälfte ergänzen	45
Wir gratulieren dir!	genaues Hinschauen	46
Ich hab's!	logisches Denken	47
Wer lag da im Schnee?	Umrisse erkennen	48
Handwerker gesucht	Teile ergänzen	49
Richtig oder falsch?	genaues Beobachten	50
Hurra, wir verreisen!	genaues Hinschauen	52
Wikinger-Domino	gleiche Bilder erkennen	53
Schuss – und Tor!	genau hinschauen und vergleichen	54
Wickie kauft Früchte	Hälften finden	55
Schmetterling-Spiel	genau hinschauen und vergleichen	56
Kuschelige Dinge für Wickie	genau hinschauen und zuordnen	58
Rate mal!	genau hinschauen und zuordnen	59

Inhalt

Versteckspiel im Wald	genaues Hinschauen	60
Wickie sucht Figuren	Unterschiede wahrnehmen	61

Konzentration

Zahlen-Mandala	Zahlen konzentriert ausmalen	64
An der Uhr gedreht	Uhrzeit – volle Stunde	65
Wickies Weg zum Schiff	genau überlegen und nachspuren	66
Hier spukt es!	Feinmotorik	67
Welches Teil passt nicht?	Gemeinsamkeiten und Unterschiede finden	68
Halvar und Wickie im Laub	Formen genau nachspuren	69
Nach der Seeschlacht	genau nachzählen	70
Mein Hut, der hat drei Ecken	Koordination	71
Findest du den Weg?	Feinmotorik	72
Der kürzeste Weg	Feinmotorik	73
Wickie sucht Schnecken	konzentriert suchen	74
Ylvas Sockensalat	Gemeinsamkeiten und Unterschiede finden	76
Das hat Wickie gut versteckt!	konzentriert suchen	77
Spiel: Schildkrötenwettlauf	konzentrieren	78
Bunter werde ich munter	Gemeinsamkeiten finden	80
So ein Durcheinander!	Gemeinsamkeiten finden	81
Wickie versteckt sich	genaues Nachspuren	82
Wettangeln bei den Wikingern	genaues Nachspuren	83
Abenteuer am Strand	konzentriert suchen	84

Spielideen	85
Bastelbogen: Wikinger-Domino	87
Bastelbogen: Memo-Spiel	90
Bastelbogen: Formen	93

Vorwort für Eltern

Liebe Eltern,

seit 40 Jahren begeistern die Abenteuer von „Wickie und die starken Männer" Kinder und Erwachsene. Damit gehört der clevere, kleine Wikinger zu den bekanntesten und beliebtesten Figuren, die es für Kinder gibt.

In diesem pfiffigen Vorschulbuch macht er Ihr Kind mit wichtigen Grundlagen vertraut, die für den späteren Lernerfolg in der Schule ausschlaggebend sind. Mit Wickies Hilfe beschäftigt sich Ihr Kind – ohne Druck und ganz „nebenbei" – mit fantasievollen Spielübungen, die alles enthalten, was für einen optimalen Start in die Schule notwendig ist:

- ⭐ Durch den spielerischen Umgang mit **Zahlen und Mengen** bis 6 wird der Grundstock für mathematisches Denken gelegt.

- ⭐ Erste **geometrische Grunderfahrungen** und die gleichzeitige Beschäftigung mit Farben fördern das **Formen- und Farbenverständnis**.

- ⭐ **Genaues Hinschauen und Beobachten** tragen zu einer intakten Wahrnehmung bei, die für die Entwicklung von Intelligenz und Lernfähigkeit wesentlich ist.

- ⭐ Spielerische Aufgaben fördern **Konzentration** und logische Denkfähigkeit. Wickie und seine starken Männer motivieren und stärken damit die Ausdauer Ihres Kindes.

Jede Menge Seiten zum Ausmalen, Spielen oder Basteln ergänzen die Übungsvielfalt um praktische Elemente, die einfach Spaß machen.

Die mit ⭐ gekennzeichneten Aufgaben sind etwas schwieriger und genau das Richtige für Kinder, die eine besondere Herausforderung mögen.

Auf den mit 🛈 gekennzeichneten Seiten finden Sie spezielle **Informationen für Eltern** mit Spielanregungen, Einbindung der Thematik in den Alltag des Kindes und vielen hilfreichen Tipps.

Viel Vergnügen und viele „Ich hab's!"-Erlebnisse wünschen

und Ihre Vorschul-Redaktion

| nachzählen | **Mein Geburtstag** | 7 |

Ich heiße _____

Ich bin: ein Mädchen   ein Junge

🟢 Klebe so viele Kerzen in den Kranz, wie du bei deinem nächsten Geburtstag haben wirst.

So viele Kerzen habe ich bei meinem nächsten Geburtstag:

Dann bin ich ☐ Jahre alt.

🟢 Schneide das Bild mit der richtigen Fingerzahl aus, und klebe es in das Kästchen.

8 Reiche Beute!

Wahrnehmung: 1-mal

 Die Wikinger kommen von einem Beutezug nach Hause. Kreuze alle Gegenstände an, die nur einmal da sind.

die Zahl 1 — Immer nur 1 9

● Du darfst die große 1 mit Farbstiften ausmalen und sie mit bunten Fäden oder Papierschnipseln bekleben.

● Wickie hat von seiner letzten Reise verschiedene Dinge zum Essen mitgebracht. Schreibe in das Kästchen bei Obst und Gemüse eine 1, wenn nur ein Teil von der Sorte da ist.

Elterninfo: Ihr Kind kann anschließend auch die mehrfach vorhandenen Stücke zählen, wenn es selbstständig dazu in der Lage ist.

10 Wickie sieht doppelt!

 Wahrnehmung: 2-mal

Male die Dinge, die Wickie zwei mal sieht, gleich an, und verbinde sie mit einem Strich.

 Elterninfo: Lassen Sie Ihr Kind möglichst viele Dinge finden oder nennen, bei denen immer zwei zusammengehören (z. B. Schuhe, Strümpfe usw.).

| die Zahl 2 | Ylvis schöne Perlenkette | 11 |

- Male die große 2 mit vielen Farben bunt an. Du kannst sie auch mit Fäden oder Vogelsand bekleben.
- Ylvi hat eine Kette gebastelt. Male bei der langen Perlenkette abwechselnd 2 Perlen rot und 2 Perlen blau.

 Elterninfo: Lassen Sie Ihr Kind Perlen auffädeln. Es kann sich dabei an die Vorlage halten oder auch nach eigener Wahl arbeiten.

12 Wickie hütet Tiere

Wahrnehmung: 3-mal

🟢 Wickie soll immer drei Tiere von jeder Familie auf die Weide bringen. Hilf ihm dabei, und kreise sie ein.

die Zahl 3 | Wickie zählt auf 3 | 13

- Die große 3 darfst du bunt ausmalen.

- Schneide die Bilder, auf denen du 3 Dinge findest, aus.
  Klebe sie in die Kästchen. Schreibe immer eine 3 in die Kreise.

14 Wickie in Afrika

Wahrnehmung: 4-mal

Die Wikinger sind bis nach Afrika gesegelt. Male alle Tiere an, die auf vier Beinen laufen.

Und wie viele habe ich?

| die Zahl 4 | | **Bist du ein 4-Finder?** | 15 |

 Male die große 4 mit vielen Farben aus, und schreibe jede kleine 4 mit einem Buntstift nach.

 Elterninfo: Gehen Sie doch mit Ihrem Kind in seiner Umgebung auf „Zahlenjagd". Auf Seite 85 finden Sie die Anleitung für dieses Spiel.

16 Auf der Blumenwiese

Wahrnehmung: 5-mal

Schau dir das bunte Treiben auf der Wiese genau an. Kreise ein: alle Blumen, die 5 Blütenblätter und alle Marienkäfer, die 5 Punkte haben.

Male alles bunt an.

Elterninfo: Zum Erfassen der 5: Hand mit gespreizten Fingern auf ein Blatt Papier legen, mit einem Stift umfahren, ausschneiden, anmalen. Lassen Sie das Kind verschieden große Hände vergleichend in eine Reihenfolge legen. Eine Idee für ein Fingerspiel finden Sie auf Seite 85.

die Zahl 5   **5 Finger an einer Hand**   17

 Schreibe die große 5 mit dem Finger nach. Mit den Puzzleteilen kannst du sie bekleben.

 Fahre jede kleine 5 mit einem Stift nach.

 Kennst du Münzen, auf denen eine 5 steht?

18 Krabbelbeine

Wahrnehmung: 6-mal

🟩 Male alle Tiere an, die 6 Beine haben.

die Zahl 6 **Ylva bastelt** 19

⭐ Fülle die große 6 mit Buntpapier oder Fäden aus.

⭐ Suche in Zeitungen die 6. Schneide viele davon aus, und klebe sie auf diese Seiten.

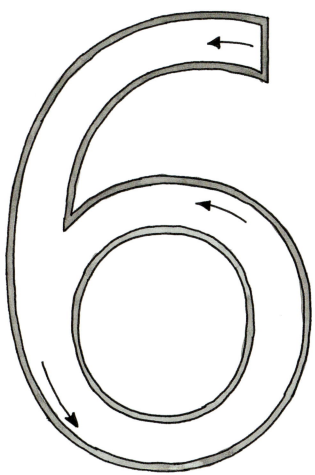

⭐ Schreibe jede 6 bunt nach.

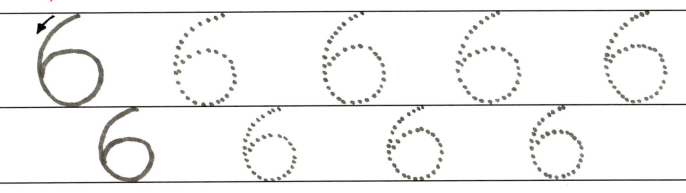

 **Elterninfo:** Suchen Sie mit Ihrem Kind Reime auf Zahlwörter.

20 **Wikinger-Wettwürfeln**

Zuordnung Punktmenge – Zahlen

🟢 Die Wikinger würfeln um Obstkisten, die sie ihren Familien von ihrer Reise mitbringen möchten. Schau, wie viele Punkte jeder hat, und verbinde mit der richtigen Kiste.

🟢 Male die Würfel und die passenden Kisten in gleichen Farben an.

Zählen bis 10 | Was hält Wickie in der Hand? | 21

- Verbinde die Punkte in der richtigen Reihenfolge. Dann siehst du, was Wickie in der Hand hält.
- Male alles an.

22 Dorffest in Flake

wegnehmen (subtrahieren)

Auf beiden Seiten sollen immer gleich viele Menschen zu sehen sein. Streiche welche weg, wenn es auf einer Seite zu viele sind.

Elterninfo: Auf Seite 85 finden Sie das Spiel „Mengen raten".

24 Wickie spielt mit Freunden

hinzufügen (addieren)

 Zähle nach, ob die zwei Kinder, die jeweils zusammen spielen, gleich viele Sachen haben. Wenn etwas fehlt, male es dazu.

🟢 Male alles bunt an.

26 Hungrige Vögel

Mengenvergleich größer/kleiner

Du siehst jeweils 2 Häufchen Vogelfutter. Die Vögel unten auf der Seite möchten immer das größere Häufchen aufpicken. Sie können aber noch nicht zählen. Hilfst du ihnen?

 Klebe die Vögel so auf, dass ihr Schnabel bei der größeren Menge offen ist.

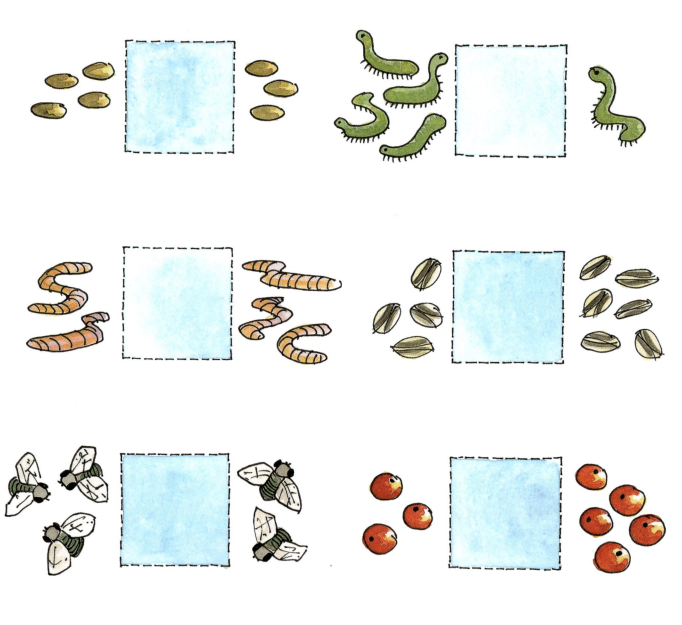

gleich und nicht gleich Bekommt Wickie genug zu essen? 27

Haben alle genug Essen? Zähle auf beiden Seiten. Male immer so viele Punkte in die Kästchen, wie du gezählt hast. Wenn auf beiden Seiten gleich viele sind, machst du in der Mitte ein = (gleich). Sind es nicht gleich viele, streichst du das Zeichen durch ≠ (nicht gleich).

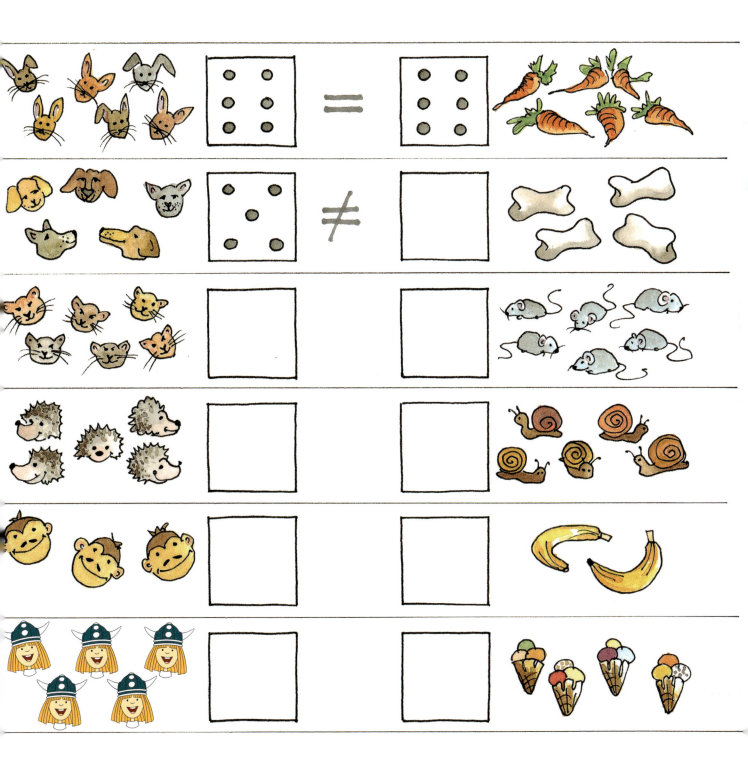

Elterninfo: Auf Seite 90 und 91 finden Sie ein Zahlen- und Mengen-Memo-Spiel.

28 Ein Helm, ein Schild, ein Wickiebild — Formen zuordnen

🟢 Kreuze den Schild an, der das gleiche Muster hat wie Wickies Schild. Male dann alle Schilde an.

| mit Farben umgehen | | **Ylvis Spiegelbild** | 29 |

Schau dir Ylvis Spiegelbild genau an. Male immer einen Teil bunt. Wenn du dasselbe im Spiegel gefunden hast, male es genau so an.

Elterninfo: Stellen oder setzen Sie sich ihrem Kind gegenüber. Während Sie eine Bewegung vorgeben, z. B. Winken mit der linken Hand, führt das Kind sie mit seiner rechten aus, als sähe es in den Spiegel. Je häufiger Sie die Gesten wechseln, desto größer ist die Anforderung an die Konzentration des Kindes.

30 Das Formen-Spiel

mit Formen und Farben umgehen

(für 2–6 Mitspieler)

Spielmaterial:
1 Spielfigur je Mitspieler,
1 Würfel,
1 Blatt Papier,
1 Stift,
Wolle

Spielregeln: Spielfiguren auf „Start" setzen, und je nach Würfelzahl reihum die Figur setzen. Auf die Aufgaben der einzelnen Felder achten!
Wer zuerst im Ziel ist, hat gewonnen.

| Formen einprägen | | Oje, das kippt! | 33 |

★ Hilf Wickie die Figuren mit Formen (Seite 94) auszulegen. Es gibt teilweise mehrere Möglichkeiten.

★ Bei zwei Figuren fehlt etwas. Male es dazu.

Fehlt da nicht etwas?

Jetzt kannst du alles anmalen:

△ = gelb △ = rot ◻ = orange ▮ = blau ▱ = grün ● = braun

Elterninfo: Lassen Sie Ihr Kind beim Auslegen der Figuren mehrere Möglichkeiten suchen. Dadurch findet Ihr Kind einen Zugang zu den Merkmalen der Formen.

34 Ist die Farbe richtig? — Farben erkennen

🟢 Kreuze jeweils das Bild an, das nicht in die Reihe gehört.

🟢 Malst du in jede Reihe noch ein Bild in der passenden Farbe?

Formen erkennen

Alle werden 5 | 35

- Alle Tiere bekommen zum Geburtstag einen Kuchen geschenkt. Verbinde jedes Tier mit dem passenden Kuchen.

36 Ulme zeichnet Reihenfolge beachten

Kannst du Ulme helfen, die fehlenden Bilder auf das Papier zu zeichnen?

Sonne, Mond und Sterne …

Male das Papier bunt an.

Figuren spiegeln

Hier fehlt etwas! 37

 Ergänze die fehlenden Hälften. Male dann alles an.

 Elterninfo: Diese Übung trainiert das Formenerkennen und das Sehen von Größenverhältnissen.

Hier stimmt was nicht! — Farben und Formen

- Alle Häuser sollen so aussehen wie das Haus mit Wickie. Kreuze bei den anderen Häusern an, was falsch ist.

- Lege die Häuser mit den Formen (Bastelbogen S. 94) nach.

Elterninfo: Bei dieser Aufgabe wird das genaue Hinschauen gefördert. Ihr Kind könnte außerdem die Häuser mit Bausteinen nachbauen.

| einfache geometrische Figuren zeichnen | Wikinger-Spielkarten | 39 |

 Snorre hat Tjures Spielkarten versteckt. Einen Teil hat Tjure schon wiedergefunden. Male die Spielkarten noch einmal, sodass es jede Karte zweimal gibt.

40 Das große Wikinger-Suchspiel Farben und Formen erkennen

Suche diese Dinge im Bild, und male sie in den gleichen Farben an:

Elterninfo: Lassen Sie sich von Ihrem Kind beim Wiedererkennen der verschiedenen Gegenstände die einzelnen Formen und Farben näher beschreiben.

Was siehst du? Formen einprägen

⭐ Lege mit den Formen des Bastelbogens (S. 94) die Figuren nach.

 Elterninfo: Beim Nachlegen der Figuren prägen sich die einzelnen Formen nach und nach ein. Lassen Sie Ihr Kind beim Legen die Formen beschreiben (Ecken, schräge Seiten, rechter Winkel, rund, viereckig, dreieckig …).

Farben erkennen und zuordnen

Maus und Fisch 43

- Male in die beiden leeren Rahmen eine graue Maus und einen blauen Fisch.
- Verbinde alle Bilder mit den passenden Farbtöpfen.

Elterninfo: Überprüfen Sie, ob Ihr Kind alle Farben erkennen kann. Es könnten weitere Tiere in den passenden Farben aufgezählt werden.

44 Nach Flake oder zum Schiff?

links und rechts unterscheiden

 Findest du heraus, wer nach Flake und wer zum Schiff läuft? Male einen Pfeil in diese Richtung. Danach darfst du alles anmalen.

 Elterninfo: Benutzen Sie in Alltagssituationen z.B. beim Anziehen, beim Aufräumen oder im Straßenverkehr möglichst oft die Begriffe rechts und links. Ihr Kind sollte im-mer wieder die Richtung selbst benennen. Auf Seite 85 finden Sie eine Spielanregung.

46 Wir gratulieren dir!

genaues Hinschauen

Schweinchen Carlo hat Geburtstag heut'! Er feiert mit all' den Tieren, die kommen zum Gratulieren.

Bei einigen Gästen stimmt etwas nicht. Wenn du es herausgefunden hast, mache dort ein **X**.

Weißt du, wie alt Carlo heute wird?

Elterninfo: Das „Verwandlungsspiel" finden Sie auf Seite 86.

logisches Denken **Ich hab's** 47

Jedes Bild hat 2 Fehler. Findest du sie?
Mache daran ein **X**.

Frühling

Sommer

Herbst

Winter

Elterninfo: Lassen Sie Ihr Kind jedes Bild beschreiben und begründen, warum etwas nicht hineinpasst. Regen Sie Ihr Kind an, die momentane Jahreszeit in der Natur wahrzunehmen.

48 Wer lag da im Schnee?

Umrisse erkennen

Findest du heraus, wer da im Schnee lag? Male jedes Muster mit einer anderen Farbe nach.

Teile ergänzen — Handwerker gesucht! 49

Hier sind einige Dinge kaputtgegangen. Mit einem Bleistift kannst du reparieren, was nicht in Ordnung ist. Male zum Schluss alles an.

Das schaffst du schon!

50 Richtig oder falsch? genaues Beobachten

⭐ Schau dir alles auf der Straße genau an.
Wer sich richtig verhält, bekommt von dir:

Wer etwas falsch macht, dem malst du:

Elterninfo: Geben Sie als Verkehrsteilnehmer Ihrem Kind immer ein gutes Beispiel. Lassen Sie das Kind auch Erwachsene kritisieren, die sich falsch verhalten.

Hurra, wir verreisen!

genaues Hinschauen

Du hast bestimmt schon entdeckt, dass die beiden Freunde nicht gemeinsam verreisen wollen. Einer möchte Ski fahren, der andere an einen sonnigen Strand. Hilf ihnen beim Packen, und verbinde jedes Teil mit dem richtigen Koffer.

gleiche Bilder erkennen

Wikinger-Domino 53

Schneide die Kärtchen von Seite 87 aus. Lege sie zuerst so auf diese Seite hin, dass gleiche Bilder immer nebeneinanderliegen. Wenn du siehst, dass alles richtig ist, kannst du sie aufkleben.

54 Schuss – und Tor!

genau hinschauen und vergleichen

Findest du heraus, zu welcher Mannschaft die Kinder gehören? Male ihre Trikots an wie unten. Wenn du auf die Streifen geachtet hast, darfst du auch für jede Mannschaft eine Farbe aussuchen.

Hälften finden Wickie kauft Früchte 55

Wickie möchte sehen, ob die Früchte gut sind und schaut sie auch von innen an.
Kannst du mit einem Strich die ganzen Früchte mit den richtigen Hälften verbinden? Male dann die Früchte so an, wie du sie kennst.

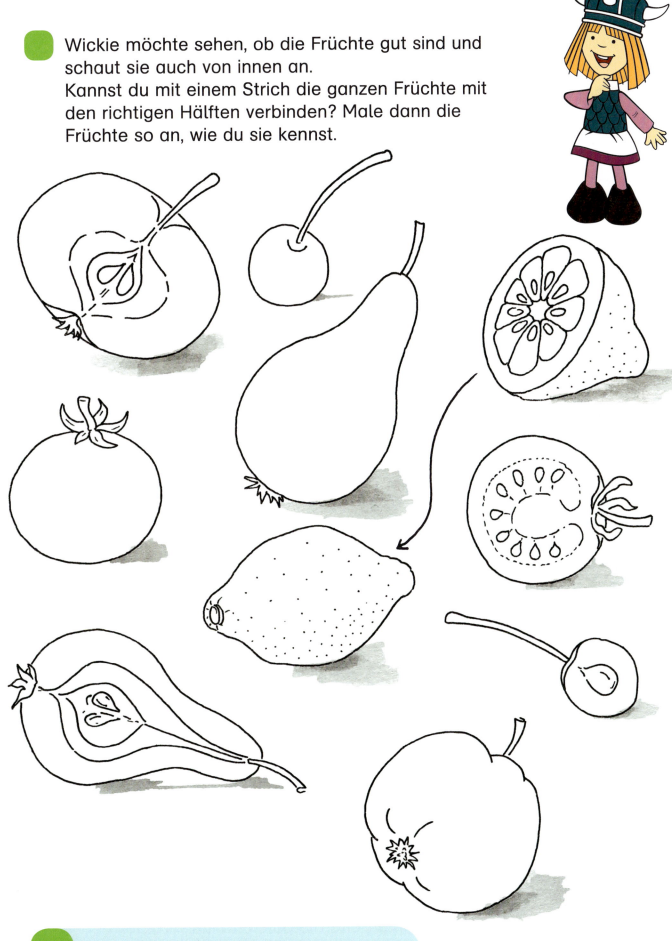

Elterninfo: Lassen Sie Ihr Kind mit verbundenen Augen Früchte durch Fühlen, Riechen und Schmecken bestimmen.

56 Schmetterling-Spiel

genau hinschauen und vergleichen

Du kannst den Schmetterling alleine ausmalen oder mit einem Partner als Würfelspiel spielen.

Du darfst dir ein Feld aussuchen.

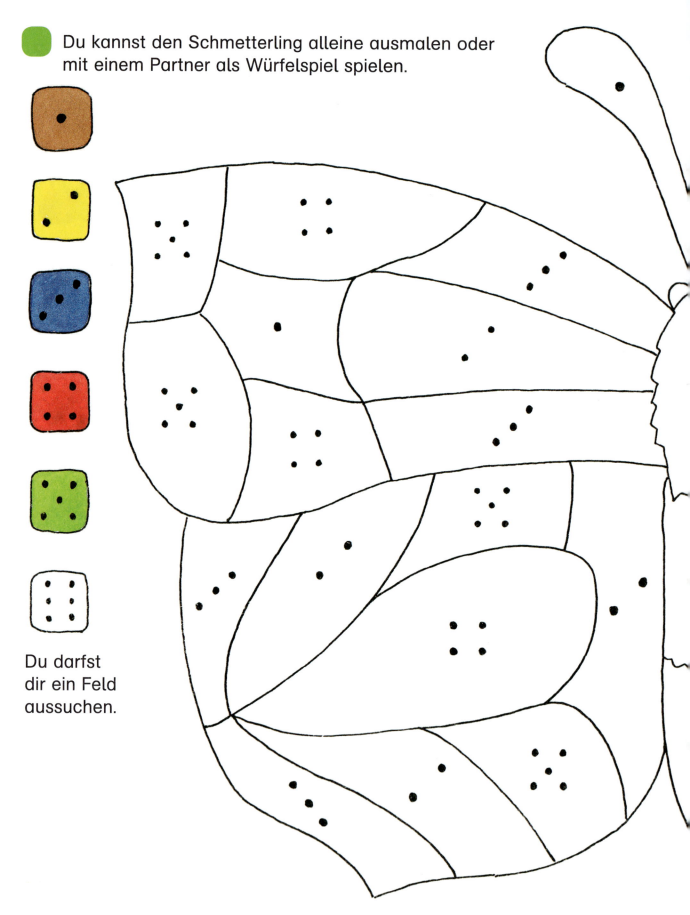

Spielregel: Jeder Partner hat eine Seite als Spielfeld. Es wird abwechselnd gewürfelt und ein Feld mit der gewürfelten Punktzahl in der angegebenen Farbe gekennzeichnet.

Du darfst dir ein Feld aussuchen.

Ist kein Feld mit der gewürfelten Anzahl mehr frei, verfällt der Zug. Der Partner ist an der Reihe. Nach Spielende malt jeder Spieler seine Felder vollständig aus.

58 Kuschelige Dinge für Wickie

genau hinschauen und zuordnen

Findest du alles, was kuschelig weich ist? Male es an!

Elterninfo: Wenn Sie mit Ihrem Kind „Blinde Kuh" spielen, legen Sie ausgewählte Gegenstände in eine Kiste und lassen das Kind mit verbundenen Augen die Teile einzeln herausnehmen und benennen. Versuchen Sie es selbst auch!

genau hinschauen und zuordnen **Rate mal!** 59

 Male nur mit den angegebenen Farben. Was hat sich hier versteckt?

• rot • grün • gelb

 Elterninfo: Markieren Sie bitte die Punktmengen oben mit den angegebenen Farben. Diese sind im Alltag übrigens im Straßenverkehr besonders wichtig. Machen Sie Ihr Kind an Verkehrsampeln darauf aufmerksam.

60 Versteckspiel im Wald — genaues Hinschauen

Zwischen Eichen- und Ahornblättern haben sich zwei Freunde von Wickie versteckt. Male die Blätter so an, wie es vorgemacht ist. Dann findest du die beiden.

Eichenblatt   Ahornblatt

Elterninfo: Auf Seite 86 finden Sie die Anleitung zu einer anderen Art des Versteckspiels.

Unterschiede wahrnehmen Wickie sucht Figuren

In jeder Reihe sieht nur eine Figur genauso aus wie die ganz linke. Suche sie, und mache ein **X** in das Kästchen.

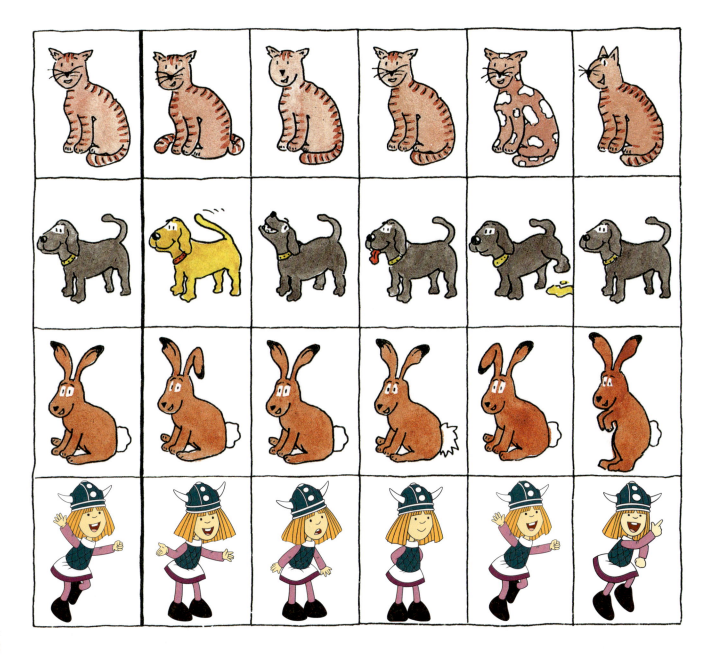

Elterninfo: Lassen Sie Ihr Kind vieles vergleichen: Bäume, Blätter, Steine, Autos, Häuser usw.
Loben Sie es, wenn es Vergleichsmerkmale nennt.

Hörspiel „Ein Elch zum Knuddeln"

🟩 Jetzt hast du dir aber eine Pause verdient! Möchtest du dir die Geschichte „Ein Elch zum Knuddeln" anhören? Dann bitte deine Eltern den QR-Code mit einem Smartphone oder Tablet einzuscannen, oder schaut auf meine Homepage:
www.wickie.klett-lerntraining.de

🟢 Wen entdecken Wickie und Halvar hinter den Büschen? Male das Bild fertig, während du der Geschichte lauschst.

64 Zahlen-Mandala

Zahlen ausmalen

Dieses Mandala darfst du ausmalen. Beginne in der Mitte.

Elterninfo: Lassen Sie Ihr Kind beim Malen leise Entspannungsmusik hören.

Uhrzeit – volle Stunde

An der Uhr gedreht 65

Schau, was im Uhrenladen passiert ist!

Male alle Uhren an, auf denen die Zeiger so stehen:

Es ist ein Uhr.

Elterninfo: Machen Sie Ihr Kind zunächst nur auf volle Stunden aufmerksam, möglichst in Verbindung mit wiederkehrenden Ereignissen.

Wickies Weg zum Schiff

genau überlegen und nachspuren

Zeige mit dem Finger, wie Wickie wandert, um zum Schiff zu kommen. Zeichne die Strecke dann mit einem Stift ein.

Elterninfo: Ihr Kind kann den richtigen Weg mit „Plusterfarbe" (Bastelgeschäft) markieren und danach mit geschlossenen Augen die Spur nachfahren.

| Feinmotorik | | Hier spukt es! | 67 |

Fahre die Umrisse der Gegenstände mit dem Finger nach. Male sie in der entsprechenden Farbe an.

Elterninfo: Lassen Sie Ihr Kind mit verbundenen Augen Gegenstände ertasten. Das fördert Konzentration und Feinmotorik.

68 Welches Teil passt nicht?

Gemeinsamkeiten und Unterschiede finden

 In jeder Reihe gehört ein Teil nicht dazu. Kreuze es an, und male die 3 passenden Teile aus.

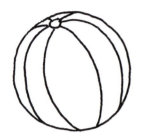   

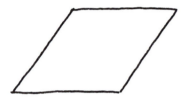   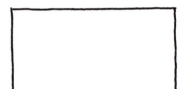

 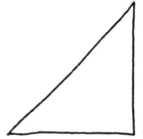  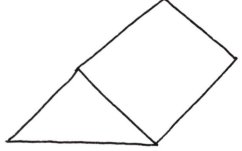

 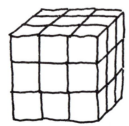

70 Nach der Seeschlacht

genau nachzählen

Die Wikinger sind in eine Seeschlacht geraten. Dabei haben die Helme Löcher bekommen. Kreuze jeden Helm mit 3 Löchern an.

Elterninfo: Verkleiden macht immer Spaß. Danach kann sich Ihr Kind wieder besser konzentrieren.

Koordination

Mein Hut, der hat drei Ecken 71

Mein Hut, der hat drei E-cken   drei E-cken hat mein Hut   und hätt' er nicht drei E-cken, dann wär er nicht mein Hut.

Du kannst das Lied einfach so singen oder ein lustiges Spiel daraus machen. Es macht am meisten Spaß, wenn du es mit Eltern, Geschwistern und Freunden spielst. Es geht so:

1. Strophe: Ihr singt den ganzen Text.

2. Strophe: Ihr lasst jedes Mal das Wort „mein" aus. Jeder zeigt an der Stelle mit dem Finger auf sich selbst.

3. Strophe: Nun lasst ihr auch das Wort „Hut" weg und führt die Hände auf eurem Kopf zusammen.

4. Strophe: Jetzt lasst ihr auch noch das Wort „drei" aus und haltet dafür drei Finger hoch.

5. Strophe: Nun singt ihr auch das Wort „Ecken" nicht mehr. An der Stelle macht ihr mit den Zeigefingern eine Ecke.

Wenn ihr euch zu diesem Spiel einen Hut basteln möchtet, nehmt ihr am besten die Doppelseite einer alten Zeitung und faltet sie so wie hier:

Rechteck einmal quer halbiert knicken.

Beide Hälften der geknickten Kante mit den Ecken Richtung Unterkante ziehen, sodass sie in der Mitte aneinanderliegen.

Die beiden offenen Kanten jeweils nach außen umknicken. Überstehende Ecken einschlagen.

Mit der Hand die Öffnung weiten, fertig ist der Hut!

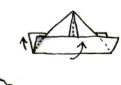

72 Findest du den Weg?

Feinmotorik

Verbinde die richtigen Hälften miteinander.
Male alle Fahrzeuge an.

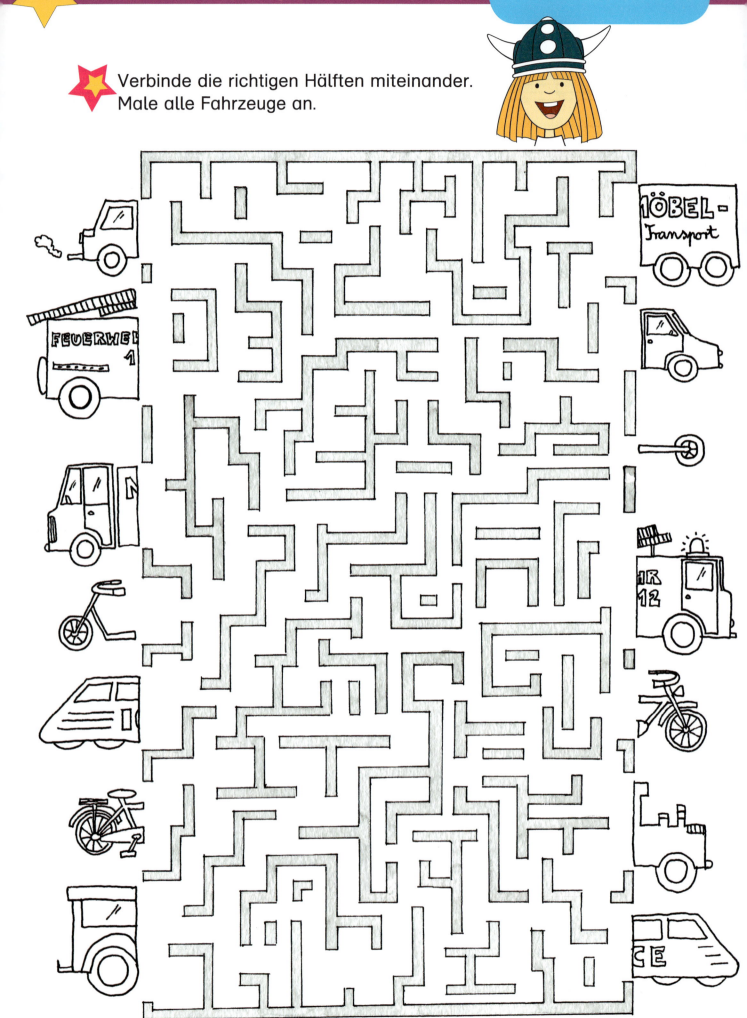

| Feinmotorik | **Wo ist der kürzeste Weg** 73 |

 Das Pferd ist müde.
Zeigst du ihm den kürzesten Weg in den Stall?

 Die Katze lässt das Mausen nicht!
Wo ist der kürzeste Weg zum Ziel?

74 Wickie sucht Schnecken

konzentriert suchen

- Findest du alle 10 Schnecken? Kreise sie ein!

Ylvas Sockensalat

Gemeinsamkeiten und Unterschiede finden

● Male immer die beiden Socken, die zueinandergehören, gleich an.

konzentriert suchen

Das hat Wickie gut versteckt!

77

 Wickie hat folgende Dinge versteckt. Kannst du sie finden? Male sie an.

78 Spiel: Schildkrötenwettlauf

konzentrieren

Das brauchst du für dieses Spiel:

- einen Partner
- einen Würfel
- für jeden Spieler jeweils zweimal:
  6 Knöpfe, Muscheln, Steinchen oder Geldstücke

Spielregeln:

Jeder Partner hat eine Schildkröte als Spielfeld. Abwechselnd würfeln. Das entsprechende Zahlenfeld mit Knopf, Muschel, Stein oder Geldstück belegen. Ein Wurf verfällt, wenn es für ihn kein freies Zahlenfeld mehr gibt. Die Schildkröte, deren Panzer zuerst ausgelegt ist, ist Sieger.

Bunter werde ich munter

Gemeinsamkeiten finden

● Wähle für jedes Zeichen eine andere Farbe, und male es an.

● Nun malst du dem Fisch ein buntes Schuppenkleid.

Elterninfo: Achten Sie darauf, dass Ihr Kind die Schuppen in der zuvor gewählten Farbe ausmalt.

| Gemeinsamkeiten finden | | So ein Durcheinander! | 81 |

Findest du alles, was du essen kannst? Male es an.

 Elterninfo: Wenn Sie Ihr Kind zum Einkaufen mitnehmen, geben Sie ihm kleine Merkaufträge, etwa 3 bis 5 Dinge, zu denen es eine Beziehung hat. Eine Spielidee hierzu finden Sie auf Seite 86.

Wickie versteckt sich!

genaues Nachspuren

Hoppel möchte sehen, wo Wickie sich versteckt hat. Aber gleich nach dem Start hat er sich verlaufen.

Zeig ihm die Spur, die zum Ziel führt.

genaues Nachspuren | **Wettangeln bei den Wikingern** | 83

Wer hat was am Angelhaken? Male die Angelschnüre in den entsprechenden Farben nach.

Elterninfo: Lassen Sie Ihr Kind die „Angelschnüre" mit vier verschiedenfarbigen Wollfäden bekleben und danach mit geschlossenen Augen nachfahren.

84 Abenteuer am Strand

konzentriert suchen

Im Sand ist eine Flaschenpost vergraben. Du findest sie, wenn du diese Muscheln ausmalst und miteinander verbindest:

In der Flasche steckt ein sehr alter Brief: Einige Wörter können deine Eltern sicher noch lesen.

Möchtest du dir die Geschichte ausdenken, die der Schreiber erlebt hat?

Elterninfo: Lassen Sie sich die Geschichte am nächsten Tag noch einmal erzählen.

Spielidee zu Seite 15: Zahlenjagd

Beim Einkaufen, Autofahren oder in der Wohnung zu spielen: Eine größere Anzahl von Zetteln mit „4" beschriften. Mitspieler werden aufgefordert, in einer bestimmten Zeit möglichst viele Vieren zu finden. Für jede gezeigte Vier bekommt man einen Zettel mit einer „4". Das Spiel lässt sich in gleicher Weise mit anderen Zahlen spielen.

Spielidee zu Seite 16: Fingerspiel

Aus der Faust richten sich einzeln die Finger auf, beginnend mit dem Daumen. Dazu wird der Reim gesprochen:

**Der Erste will raus,
der Zweite sieht 'ne Maus,
der Dritte holt sie ins Haus,
der Vierte gibt ihr Speck,
der Fünfte jagt sie weg.**

Spielidee zu Seite 23: Mengen raten

Ein Spielleiter verdeckt unter einem Tuch, in einer Schachtel oder in der Hand eine Anzahl von 1 bis 6 Spielsteinen, Knöpfen, Geldstücken o.Ä. Das erste Kind rät eine Zahl zwischen 1 und 6. Falls es nicht die richtige ist, sagt der Spielleiter „mehr" oder „weniger". Das erste Kind darf weiterraten, solange es der Logik folgt. Rät es unlogisch (z.B. wenn es zuerst die Zahl „3" sagt und der Spielleiter „weniger" antwortet, kann als nächste Zahl nicht „4" oder mehr genannt werden), kommt das nächste Kind an die Reihe.

Nach jedem Treffer wird das Kind mit den Steinchen, die im Spiel waren, belohnt. Und am Ende können diese in Bonbons o.Ä. eingetauscht werden. Falls Kinder am Schluss ihre „Beute" zählen möchten, sollten sie darin unterstützt werden.

Spielidee zu Seite 44: Mein rechter, rechter Platz ist frei

Zu spielen mit 5 und mehr Mitspielern im Stuhlkreis, wobei ein Stuhl immer frei bleibt. Das Kind, dessen rechter Platz frei ist, klopft mit der rechten Hand darauf und sagt:

„Mein rechter, rechter Platz ist frei, ich wünsche mir die/den (Name eines Mitspielers) herbei."

Das Spiel setzt sich fort, indem immer das Kind, dessen rechter Platz frei geworden ist, den Spruch sagt und sich ein anderes Kind herbeiwünscht. Es kann genauso auch mit dem linken Platz verfahren werden.

Abwandlung: Die Kinder können auch als Tiere herbeigewünscht werden. Dann heißt es:

„Mein rechter, rechter Platz ist frei, ich wünsche mir die/den … als Hase, Hund, Katze etc. herbei."

Das gewünschte Kind kommt dann hüpfend, bellend, miauend (entsprechend der Tier-Anweisung) herbei.

Spielideen

Spielidee zu Seite 46: Verwandlungsspiel

Ein Mitspieler verlässt den Raum. Einer der übrigen verändert etwas, z.B. Brille abnehmen, Schuhe verkehrt anziehen, Haarzopf auflösen o.Ä. Es können auch zwei Mitspieler die Pullover tauschen. Vorher ist zu vereinbaren, wie viele Personen Veränderungen vornehmen, die das wieder hereingeholte Kind entdecken muss.

Spielidee zu Seite 62: KIM-Spiele

Eine festgelegte Anzahl von Dingen (6-10, langsam steigern) wie Spielsachen, Malstifte, Haushaltsgegenstände u.a. wird gründlich angeschaut. Während ein Mitspieler den Raum verlässt, werden ein oder mehrere Gegenstände zugedeckt oder entfernt. Das Kind, das wieder hereinkommt, soll feststellen, was fehlt.

Spielidee zu Seite 81: Ich kaufe ein

Die Spieler sitzen im Kreis. Der Erste sagt:
„Ich lege eine Wurst (oder anderes) in den Wagen."
Der Zweite sagt:
„Ich lege eine Wurst und Kekse hinein."
Der Dritte wiederholt Wurst, Kekse und fügt z.B. Schokolade hinzu. Das Spiel setzt sich fort, indem der Spieler, der an der Reihe ist, alles wiederholt und ein neues Teil hinzufügt.
Bei einer sehr kleinen Gruppe können 2 oder 3 Runden gespielt werden.

Variation:
„Ich packe meinen Koffer und lege ... hinein"

Variation:
Der erste Spieler:
„Ich bin (z.B. Leoni/Leo) und mache so: (Geste, etwa Zähneputzen)."
Der zweite Spieler, auf den Ersten zeigend:
„Das ist Leonie/Leo, sie/er macht so (Geste wiederholen). Ich bin ... und mache so (andere Geste, etwa winken)."

Jeder Spieler wiederholt nacheinander die Namen und Gesten der Vorgänger und fügt seinen Namen und eine Geste hinzu.

Bastelbogen: Wikinger-Domino 87

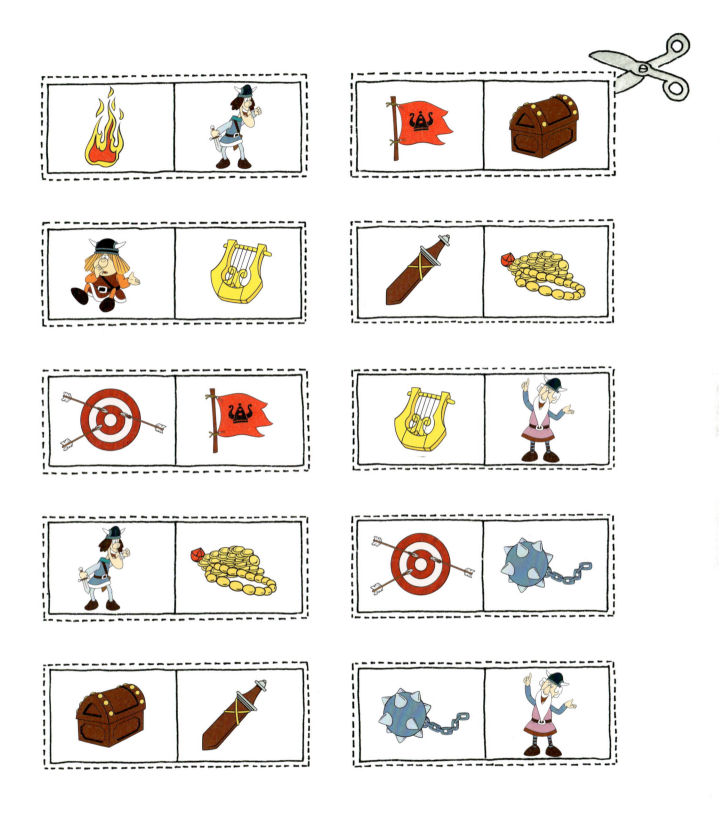

Kärtchen auf Seite 90 für das Memo-Spiel ausschneiden

Bastelbogen: Memo-Spiel

Bastelanleitung:
Kärtchen auf Seite 90 und 91 jeweils zusammenhängend auf Tonpapier oder Fotokarton kleben und ausschneiden.

Spielanleitung:
Zwei verschiedene Kartentypen (Zahlen/Punkte, Zahlen/Bilder oder Punkte/Bilder) werden gemischt und verdeckt auf den Tisch gelegt. Die Mitspieler dürfen nacheinander jeweils zwei Karten aufdecken. Findet sich dabei ein Paar, darf man es behalten. Jeder ist so lange an der Reihe, bis es zu einem Fehlversuch kommt.

Bastelbogen: Formen 93

94 Bastelbogen: Formen

Lesen lernen mit dem Schulbuchprofi ...
... und Wickie

Wickie und die starken Männer
Das Geheimnis von Burg Eisenstein
Leseanfänger
978-3-12-949228-4

Wickie und die starken Männer
Wickie bei Häuptling Dicker Büffel
Leseanfänger
978-3-12-949229-1
Mit Comics!

Wickie und die starken Männer
Wickie und das Seeungeheuer
Leseanfänger
978-3-12-949237-6

Wickie und die starken Männer
Wickie und der geheimnisvolle Fremde
Leseanfänger
978-3-12-949238-3
Mit Comics!

Wickie und die starken Männer
Wickie und der Überfall auf Flake
Leseanfänger
978-3-12-949255-0
Mit Comics!

Wickie und die starken Männer
Wickie im Bann des Zauberers
Leseanfänger
978-3-12-949256-7

Ein tierischer Vorlesespaß
mit den Wikingern aus Flake

Für Wickies Fans von jung bis alt –
Wissenswertes rund um „Wickie und die starken Männer"

Wickie und die starken Männer
Tierische Vorlese-Geschichten mit Wickie
ab 4 Jahren
978-3-12-949242-0

Wickie und die starken Männer
Das Fanbuch
978-3-12-949128-7

© 2014 Studio 100 Media GmbH
www.studio100.de

Gute Noten mit Wickie, dem cleveren Wikinger...

Wickie und die starken Männer
Mein Vorschul-Buch mit Wickie
Erstes Lesen, Schreiben, Konzentration
ab 5 Jahren
978-3-12-949275-8

Wickie und die starken Männer
Clever durch die 1. Klasse mit Wickie
Deutsch, Rechnen, Konzentration
978-3-12-949290-1

Wickie und die starken Männer
Mein Übungs-Buch mit Wickie
2. Klasse
Deutsch, Rechnen, Konzentration
978-3-12-929367-6

 © 2014 Studio 100 Media GmbH
www.studio100.de